# Les Alkonosts

## Origines

La **Russie**

## Le mythe

**Matriochka**

Ces fées colorées, moitié filles, moitié oiseaux, proviennent d'anciennes légendes russes. On les y décrit comme des oiseaux venant du ciel qui chantent des récits ensorcelants. Tout comme les sirènes, avec leur voix sublime, elles envoûtent, parfois dangereusement, quiconque les entend.

## Sa **citation** favorite

*La terre, vue de l'espace, semble si fragile. (Prenons-en soin)*

**Valentina Tereshkova**
Cosmonaute russe

Première femme dans l'espace !

## Personnalité

Dégageant un *je-ne-sais-quoi* inspirant sympathie, confiance et respect à leur entourage, ces fées sont :

★ **persuasives et influentes,**
★ **charmantes et fascinantes.**

Catherine II, dite "La Grande".

## Info pêle-mêle sur la Russie

○ La Russie est le plus grand pays du monde.

○ Le petit village russe d'Oïmiakon est l'endroit (habité) le plus froid de la terre. En 1926, il y a fait **-72 °C** : un record mondial de froid pour une région habitée par des humains !

○ Une tsarine (reine) russe bien connue, **Catherine II,** a siégé pendant 34 ans durant le 18e siècle. Sous son règne, le territoire russe s'est considérablement étendu.

Le LIVRE-AFFICHES des

# Fées

## et CRÉATURES MYTHIQUES

### Annabelle Métayer

 **Broquet**

97-B, montée des Bouleaux, Saint-Constant, Qc, Canada, J5A 1A9
Internet : www.broquet.qc.ca   Courriel : info@broquet.qc.ca
Tél. : 450 638-3338   Téléc. : 450 638-4338

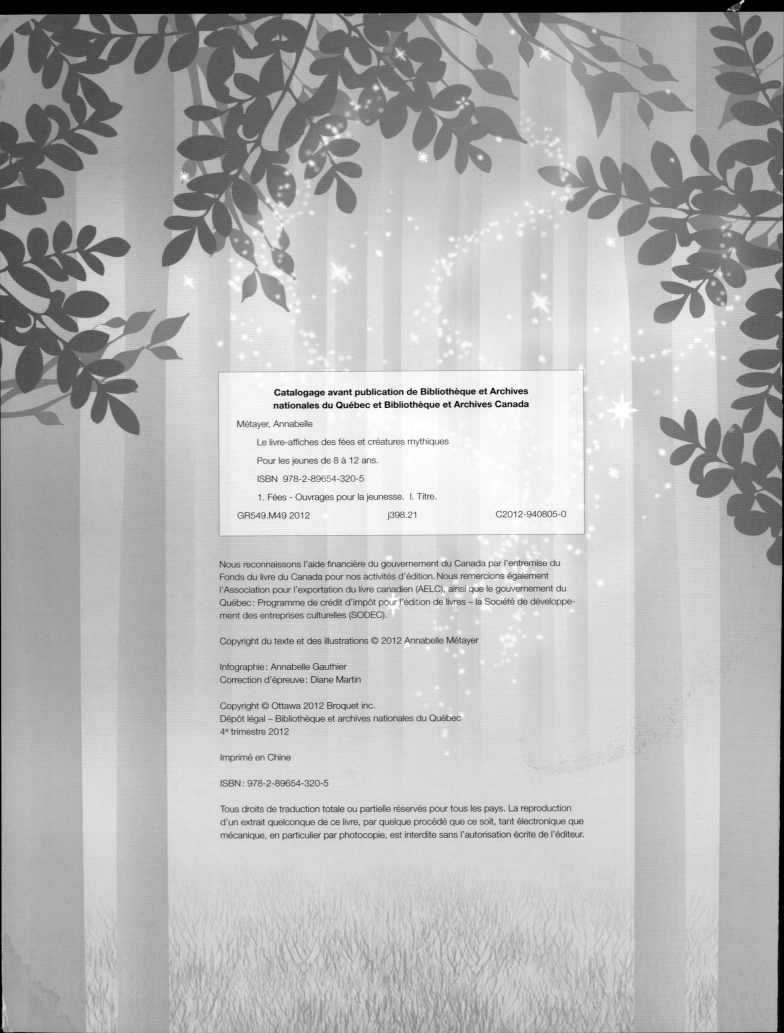

**Catalogage avant publication de Bibliothèque et Archives nationales du Québec et Bibliothèque et Archives Canada**

Métayer, Annabelle

    Le livre-affiches des fées et créatures mythiques

    Pour les jeunes de 8 à 12 ans.

    ISBN 978-2-89654-320-5

    1. Fées - Ouvrages pour la jeunesse. I. Titre.

GR549.M49 2012               j398.21               C2012-940805-0

Nous reconnaissons l'aide financière du gouvernement du Canada par l'entremise du Fonds du livre du Canada pour nos activités d'édition. Nous remercions également l'Association pour l'exportation du livre canadien (AELC), ainsi que le gouvernement du Québec : Programme de crédit d'impôt pour l'édition de livres – la Société de développement des entreprises culturelles (SODEC).

Copyright du texte et des illustrations © 2012 Annabelle Métayer

Infographie : Annabelle Gauthier
Correction d'épreuve : Diane Martin

Copyright © Ottawa 2012 Broquet inc.
Dépôt légal – Bibliothèque et archives nationales du Québec
4e trimestre 2012

Imprimé en Chine

ISBN : 978-2-89654-320-5

# La princesse d'Atlantide

La Grèce

## Le mythe

L'Atlantide et ses habitants ont été mentionnés, pour la première fois, par le philosophe grec Platon, qui décrivit une île très ancienne (encore plus ancienne que l'Antiquité) où résidait une civilisation technologiquement et spirituellement avancée. La légende de Platon indique que l'île fut engloutie sous l'océan. Encore à ce jour, des milliers de gens partout dans le monde s'intéressent à ce mythe.

## Sa citation favorite

*La nécessité est la mère de l'invention*

**Platon**

**Philosophe grec**

428 – 348 avant J.-C.

## Personnalité

Cette créature ingénieuse est intéressée par les études, les découvertes, la recherche et possède :

★ un esprit curieux et perspicace,

★ un goût marqué pour les sciences et les mathématiques.

Certains mystiques affirment que les cristaux ont des pouvoirs magiques.

## Info pêle-mêle sur l'Atlantide

Platon, philosophe Grèce antique

**Auteur du mythe**

**? Un mythe?**

Depuis des centaines d'années, et même encore de nos jours, plusieurs personnes croient que l'Atlantide a réellement existé. Plusieurs livres et films se sont inspirés de cette légende mystérieuse!

# Les Centaurelles

Origines

## La Grèce

## Le mythe

Créature populaire de la Grèce antique, le centaure est un être mi-humain, mi-cheval. La centaurelle est une jeune fille-cheval. De sa nature humaine, elle tire intelligence et finesse. De sa nature chevaline, elle hérite d'une force et d'une fougue indomptables. De plus, elle a certains pouvoirs magiques, en particulier celui de pressentir l'avenir.

## Son proverbe favori

*Il vaut mieux se fier à un cheval sans bride qu'à un discours sans ordre.*

Proverbe grec

## Personnalité

Créatures à la fois raffinées et frondeuses, les Centaurelles sont :

★ courageuses, téméraires, fougueuses,

★ cultivées, intelligentes, curieuses.

## Info pêle-mêle sur les chevaux

- Les chevaux sont domestiqués depuis au moins **5000 ans.**

- Le **cœur** d'un cheval adulte pèse près de **10 livres!**

- Les chevaux dorment environ **3 heures** par jour!

- On peut estimer **l'âge** d'un cheval en examinant ses **dents.**

# Les Chats-garous

Origines

**L'Égypte**

## Le mythe

Maints récits font mention de créatures à la fois humaines et félines, de descendance égyptienne. Ces êtres étaient des disciples de la déesse-chat Bastet. Elle aurait récompensé certains mortels de leur dévouement en leur offrant le don de métamorphose féline et l'immortalité. On dit qu'il existe encore quelques chats-garous dans le monde d'aujourd'hui.

## Personnalité

Ces créatures à l'esprit très indépendant sont :

★ d'une apparence calme qui dissimule une grande force silencieuse,

★ résilientes et flexibles face à l'adverstié.

## Son chiffre favori

### Le 9 *Chiffre mystique*

Les chats semblent retomber toujours sur leurs pattes. Cela leur a valu la réputation d'avoir neuf vies, chez les Égyptiens. Pourquoi neuf ? Parce qu'à l'époque ce chiffre était sacré.

## Le chat dans l'Égypte antique

Domestiqué depuis **6000** ans en Égypte

Chat ancestral

○ Grâce à leur habileté à chasser les souris, serpents et autres vermines, les chats de l'ancienne Égypte étaient **sacrés.**

○ Plusieurs de nos chats domestiques actuels sont de **descendance égyptienne.**

**?** **Seraient-ils des avatars de la déesse Bastet ?**

○ Les Égyptiens de l'époque vénéraient plusieurs déesses-chats. Une des plus connues était nommée **Bastet.**

# Les Djinniyas

**Les pays arabes**

## Le mythe

Dans le folklore arabe, les djinniyas sont des fées-esprits dont le corps est composé de feu et de lumière. Ces créatures sont dotées d'immenses pouvoirs magiques. Parfois, elles ont été faites captives d'un récipient (lampe, bouteille ou autres) et gratifient de trois vœux l'humain qui leur rend la liberté.

## Personnalité

Ces fées bienveillantes, possédant le sens du devoir, sont :

⭐ loyales, fidèles à leur parole,

⭐ altruistes, généreuses et dévouées.

## Sa **citation** favorite

*Aies foi en tes rêves
car en eux se cache
la porte de l'éternité.*

Khalil Gibran
*Poète d'origine libanaise*

## Le monde arabe et les Mille et Une Nuits

Il y a  25 pays  où la langue officielle est l'arabe :

| | | | | |
|---|---|---|---|---|
| ○ Algérie | ○ Égypte | ○ Israël | ○ Mauritanie | ○ Syrie |
| ○ Arabie saoudite | ○ Émirats arabes unis | ○ Jordanie | ○ Oman | ○ Tchad |
| ○ Bahreïn | | ○ Koweït | ○ Palestine | ○ Tunisie |
| ○ Comores | ○ Érythrée | ○ Liban | ○ Qatar | ○ Yémen |
| ○ Djibouti | ○ Irak | ○ Libye | ○ Somalie | |
| | | ○ Maroc | ○ Soudan | |

L'arabe est l'une des  cinq langues  les plus parlées au monde.

### ? Le savais-tu?

Le livre  Les Mille et Une Nuits  est un recueil de contes anciens arabes. Au 18e siècle, un Français nommé Antoine Galland s'intéressa tant au manuscrit qu'il le traduisit en français, en y ajoutant quelques récits de son cru, dont le fameux  Ali Baba et les 40 voleurs.  Sa traduction remporta un succès international.

# Les Elfes

Les nations **celtes**

Irlande
Écosse
Pays de Galles
Cornouailles
Île de Man

## Le mythe

Dans la culture celtique, les elfes sont représentés comme des créatures à oreilles pointues et aux yeux en amande. Ils vivent dans les forêts enchantées du nord de l'Europe. Les elfes sont en symbiose avec la nature et peuvent, entre autres, parler aux animaux. Ils sont immortels et conservent toujours un air de jeunesse.

## Personnalité

Créatures artistiques, créatives et très près de la nature, les elfes sont :

★ doués pour les arts et en particulier la musique,

★ friands de nature et de plein air.

## Son **proverbe** favori

*Trois bougies repoussent l'obscurité : la vérité, la connaissance et les lois de la nature.*

Proverbe celtique

## Info pêle-mêle sur les **Celtes**

**La période celtique**

remonte à près de 1000 ans avant J.-C. jusqu'à environ l'an 50 après J.-C.

**L'âge du fer**

Le peuple celte est souvent associé à l'âge du fer, car il a été l'un des premiers à maîtriser la technologie du fer.

-1000    0 50    1000    2000

**?**  Le savais-tu ?

On attribue l'invention du savon aux Celtes ! Leur savon était composé de cendre de hêtre et de graisse de chèvre.

# Les Fées-cygnes

## Le mythe

Originaire de la mythologie scandinave, la fée-cygne adopte à sa guise soit la forme d'une humaine, soit celle d'un cygne. Une légende populaire raconte l'histoire d'un jeune homme qui vole le plumage d'une fée-cygne qu'il a aperçue en train de se baigner dans un étang. Privée de sa robe de plumes magique, elle est contrainte de demeurer avec lui sous sa forme humaine (et de l'épouser et même de fonder une famille!). Un jour, la fée retrouve la robe cachée et reprend aussitôt sa forme de cygne. Elle s'envole au loin pour toujours.

## Son **proverbe** favori

*On est enfant toute sa vie:
on ne fait que changer
de jeux et de poupées.*

Christine de Suède

Reine
de Suède
au
17e siècle

## Personnalité

Gracieuse, la fée-cygne, avec son regard doux et songeur, est :

★ d'une apparente fragilité mais, en fait, elle est très forte!

★ d'une nature patiente, empreinte de gentillesse.

## Info pêle-mêle sur les **cygnes**

○ Les couples de cygnes **s'unissent pour la vie.**

○ Le cygne est l'un des **plus gros oiseaux volants** du monde!

## ATTENTION

Lorsqu'il se sent menacé, le cygne devient souvent **féroce**

# Les Fées-papillons

## Origines

Irlande
Écosse
Pays de Galles
Cornouailles
Île de Man

**Les nations celtes**

## Le mythe

Les fées existent dans les légendes depuis plus de 3000 ans. Étonnamment, les fées ailées comme la fée-papillon n'ont commencé à se manifester dans les contes qu'il y a quelque 200 ans. Minuscules créatures, ces fées peuvent voler et jeter des sorts. La fée-papillon est une fée joyeuse qui fréquente les forêts enchantées et les clairières fleuries.

## Personnalité

Coquines et ricaneuses, ces fées sont:

★ **fascinantes; elles nous charment par le don qu'elles ont d'être si légères et gaies à tout moment. Elles rigolent de tout!**

## Sa citation favorite

*Quoi que tu rêves d'entreprendre, commence-le. L'audace a du génie, du pouvoir, de la magie.*

Johann Wolfgang von Goethe

Poète allemand, génie du 19e siècle

## Les fées des contes de fées

○ Certaines fées sont **méchantes.**

★ *La princesse et la grenouille*

○ Une fée très populaire dans les contes de fées est la **fée marraine.**

On la retrouve dans:

★ Cendrillon
   ★ Peau d'âne
      ★ La Belle au bois dormant

# Les Hamadryades

## La Grèce

## Le mythe

La mythologie grecque fait état d'une multitude de créatures magiques variées. Parmi elles : les nymphes. Ce sont des esprits protecteurs de la nature sous toutes ses formes. Les hamadryades sont les nymphes associées aux arbres. Bien qu'elles puissent s'en séparer temporairement à l'occasion, les hamadryades sont spirituellement unies pour la vie à l'arbre qu'elles protègent.

## Son proverbe favori

*Le spectacle de la nature est toujours le plus beau.*

Proverbe grec

## Personnalité

Nymphes de nature réservée et timide, les hamadryades sont :

★ en union avec les animaux et avec la terre,

★ tranquilles, solides, les pieds bien ancrés dans le sol.

## Info pêle-mêle sur les arbres

● En plus d'être superbes, les arbres nous sont précieux pour plusieurs raisons. Entre autres : **ils produisent de l'oxygène et absorbent les polluants.**

○ Le arbres comptent parmi les organismes vivants les **plus anciens de la Terre.**

○ D'ailleurs, le plus vieil arbre du monde est un pin Bristlecone. Il a eu **4844 ans** en 2012 !

*Son nom est Mathusalem*

**TOP SECRET**

Cet arbre vit en Californie, mais on garde sa location exacte secrète afin de le protéger.

# Ka'ahupahau

Hawaii

## Le mythe

Les légendes anciennes d'Hawaii font l'éloge d'une déesse des requins nommée Ka'ahupahau (prononcé Ka-a-hou-pa-haw). Cette gentille déesse vivait en bordure des îles et régnait sur un clan de dieux-requins bienveillants, protégeant les humains des vilaines créatures marines et des mauvais esprits.

## Personnalité

Cette déesse bienveillante, très sûre d'elle et extravertie, est :

★ généreuse, altruiste et une leader hors pair,

★ indépendante et autonome; le mot «doute» ne fait pas partie de son vocabulaire!

## Son proverbe favori

Quand l'appel de la vague te démange, la seule lotion qui puisse l'apaiser est l'océan.

Proverbe hawaiien

## Quelques faits sur les requins

### MENACÉS D'EXTINCTION

Des études démontrent que plusieurs espèces de requins sont en voie de disparaître si nous ne les protégeons pas.

L'océan est un écosystème. Les requins sont des **prédateurs** se trouvant tout en haut de la chaîne alimentaire. Ils mangent plusieurs espèces d'animaux marins. Si les requins disparaissaient, l'océan se retrouverait avec un **surplus** de certaines espèces, ce qui aboutirait à la disparition d'autres espèces. L'écosystème de l'océan serait bouleversé.

# Les Kinnarees

La Thaïlande

## Le mythe

La kinnaree (prononcé ki-na-ré) est une fée de la mythologie thaïlandaise provenant d'une forêt magique appelée Himmapan. Cette superbe créature mi-fille, mi-oiseau est une déesse de la danse, de la musique et des plaisirs de la vie terrestre. On la célèbre dans la joie!

## Personnalité

Adorable fée, ange de délicatesse et de bonté, la kinnaree est:

★ toujours souriante, fraîche et pimpante ;

★ pleine de talents, elle excelle en chant et en danse.

## Sa citation favorite

*Avec nos pensées, nous créons le monde.*

Bouddha

## Info pêle-mêle sur la Thaïlande

○ Le **bouddhisme** est la religion la plus pratiquée en Thaïlande.

Ça veut dire **OM**

OM est une syllabe **mystique**

○ Ici, on cultive BEAUCOUP de **riz.**

○ La cuisine thaïlandaise: **inventive, parfumée et explosive !**

# Les Kitsunes

Origines

Le Japon

## Le mythe

Au Japon, le mot *kitsune* veut dire renard. Dans le folklore japonais, les renards sont des êtres magiques qui peuvent se transformer en humains. Habituellement, ce sont les renardes qui prennent une apparence humaine : de très belles fées renardes ayant le pouvoir de souffler du feu !

## Personnalité

Ces fées friponnes, à la fois rusées, espiègles, et charmantes, sont :

★ championnes pour se sortir de situations épineuses avec une désinvolture un tantinet agaçante pour le commun des mortels ;

★ irrésistibles, elles sont capables de se faire pardonner même après avoir joué un vilain tour.

## Son **proverbe** favori

*Le temps employé à rire est un temps partagé avec Dieu.*

Proverbe japonais

## Info pêle-mêle sur le **Japon**

● Le mot Japon (en japonais : *Nihon*) signifie **pays du Soleil levant.**

● Le Japon est composé de plus de **3 000 îles,** les 4 îles principales sont : Honshū, Hokkaidō, Kyūshū et Shikoku.

**?** Le savais-tu?

Le « kitsune udon » est un plat populaire au Japon. Il s'agit d'une soupe de nouilles et de tofu frit.

# Mami wata

**L'Afrique de l'Ouest**

## Le mythe

Mami wata est une déesse de l'océan. Son mythe, originaire de l'Afrique de l'Ouest, est aujourd'hui célébré partout dans le monde. Représentée tantôt comme une sirène, tantôt comme une charmeuse de serpent, cette puissante déesse aquatique promet abondance et prospérité à qui la vénère.

## Son proverbe favori

*Le serpent a beau courir, il ne va pas plus vite que sa tête.*

Proverbe africain

## Personnalité

Ces déesses symbolisant la puissance, la passion et le courage sont:

★ rebelles et passionnées; elles inspirent le respect et l'estime;

★ dynamiques et volontaires, une source de courage pour tous.

## Info pêle-mêle sur l'Afrique

Turban africain ou gele

Caftan ou boubou

○ **Mode** africaine

○ L'Afrique de l'Ouest comprend **16** pays.

Afrique

Le Nigéria est le pays le plus peuplé de l'Afrique: plus de 160 millions d'habitants.

# Les Naginis

## Le mythe

Dans la mythologie indienne, les naginis sont des princesses-serpents d'une grande beauté. Elles ont le pouvoir de se transformer soit complètement, sous la forme d'un cobra ou d'une humaine, soit en une créature mi-serpent, mi-humaine. Ces créatures sont reconnues pour leur force prodigieuse, leur sagesse et leur spiritualité.

## Personnalité

Ces créatures hautement intelligentes et avisées sont :

★ dotées d'un esprit vif qui fait qu'elles ont un besoin incessant de renouveau, car elles détestent la routine ;

★ très friandes de lecture, de musique et de culture.

## Info pêle-mêle sur l'Inde

○ La civilisation indienne est l'une des plus anciennes ; on estime qu'elle aurait près de **5000 ans.**

○ Le système des **nombres** – l'algèbre, la trigonométrie et le calcul – vient de l'Inde.

○ Le **yoga** vient de l'Inde.

○ Les **échecs** viennent de l'Inde.

## Origines

### L'Inde

## Sa citation favorite

*Une personne cruelle avec les animaux ne peut être quelqu'un de bien.*

Gandhi

# Nuwa

## La Chine

## Le mythe

Nuwa est une déesse de la Chine ancienne. La légende dit qu'elle a créé les humains avec de l'argile. Elle a aussi sauvé la Terre en réparant un trou qu'un dieu en colère avait fait dans le ciel. Souvent, elle est représentée avec une queue de dragon, le dragon étant un symbole de puissance et de chance en Chine.

## Sa citation favorite

*Ne cherche pas à connaître les réponses : cherche à comprendre les questions.*

▶ Confucius, philosophe chinois

Confucius est né en 551 avant J.-C.

## Personnalité

Déesse protectrice, portant chance à tous, Nuwa est :

★ une leader exceptionnelle,

★ très disciplinée dans tout ce qu'elle entreprend.

## Info pêle-mêle sur la Chine

○ La civilisation chinoise est l'une des plus anciennes ; on l'estime à près de **5000 ans.**

○ Le **panda** géant est originaire de la Chine.

○ La Chine, le pays le plus peuplé du monde, compte près de **1,4 milliard** d'habitants en 2012.

*Si mignon!*

# Sedna

## Le mythe

Sedna est une déesse marine bien connue des Inuits. Les contes à son sujet varient selon la région mais, dans la plupart, Sedna est une jeune fille qui, pendant un événement souvent tragique, se voit projetée au fond de l'océan. Au cours de sa descente au fond de l'eau, elle est transformée en créature magique. En tant que divinité, Sedna règne sur tous les animaux marins et prodigue des pêches fructueuses à ses adorateurs.

## Personnalité

Déesse des profondeurs, des rêves et des émotions, Sedna est une créature :

★ discrète, douce et soucieuse de son entourage,

★ défenderesse des animaux et de la faune.

## Info pêle-mêle sur les Inuits

L'inukshuk servait de point de repère pendant la chasse.

### Un héritage ancestral

○ Les archéologues estiment que les tout premiers Inuits sont originaires de la Sibérie, en Russie. Ils auraient migré en **Alaska** il y a **10 000 ans.**

○ Les Inuits des régions arctiques du **Canada** et du **Groenland** y habitent depuis environ **1000 ans.**

## Origines

Les régions **arctiques** du...

Canada
Groenland
États-Unis

## Son proverbe favori

*C'est quand la glace se rompt que l'on découvre nos vrais amis.*

Proverbe inuit

# Les Selkies

**L'Écosse**
îles extérieures

Hébrides
Shetland
Orcades

## Le mythe

*Mignon pêcheur des légendes*

Les selkies sont populaires en Écosse, en Angleterre, en Irlande et autres pays voisins. Ces créatures passent beaucoup de temps dans l'eau sous leur forme de phoque, mais elles peuvent se métamorphoser en humaines en se dépouillant de leur peau animale. Plusieurs légendes romantiques les concernent, car il arrive souvent qu'une selkie tombe amoureuse d'un pêcheur et choisisse de devenir humaine. Mais ce choix s'avère souvent déchirant et compliqué.

## Sa citation favorite

*Quel est donc l'être qui, ayant un cœur pour aimer et du courage au cœur, eût pu s'empêcher de prouver alors son amour ?*

Extrait de *Macbeth*

Tragédie de Shakespeare écrite au 15e siècle

Tragédie romantique dont l'action se déroule en Écosse

## Personnalité

Créatures rêveuses et idéalistes, les selkies sont :

★ **très sensibles et artistes,**

★ **de grandes romantiques.**

## Info pêle-mêle sur les phoques

### FAITS SCIENTIFIQUES

Ils sont **archi-mignons** depuis des millions d'années.

Les phoques détectent leur nourriture avec leurs **vibrisses.**

*Moustaches*

Certains peuvent retenir leur souffle pendant **2 heures.**

# Les Agroglyphes extraterrestres

Origines

L'Angleterre

## Le mythe

Les agroglyphes sont des formes géométriques qui ont commencé à apparaître mystérieusement dans les champs agricoles de l'Angleterre des années 70. Ces formes, créées par l'aplatissement des épis, constituaient un phénomène si énigmatique que plusieurs personnes ont cru à une intervention extraterrestre.

## Sa citation favorite

*La vérité finit toujours par éclater*

Proverbe anglais

## Personnalité

Créatures modernes et originales, les extraterrestres symbolisent :

★ le talent innovateur et l'esprit d'avant-garde,

★ l'imagination, la rêverie et le goût du merveilleux.

## Un peu plus au sujet des agroglyphes

○ Un homme nommé Doug et son ami Dave ont créé les premiers agroglyphes vers la fin des années 70, dans le sud de l'Angleterre. Leurs outils : une planche de bois, un bâton et une corde !

○ L'intrigue devint célèbre et fit longtemps la une des journaux. Lorsque les autorités décidèrent d'investiguer, les amis se pressèrent de révéler leur canular. Malgré leur confession, plusieurs croient encore à un phénomène paranormal.

# Les *Shamankas* amérindiennes

L'Amérique autochtone

## Le mythe

Le shamanisme est un ensemble de procédés de sorcellerie, pratiqué depuis des millénaires partout dans le monde. Il y aurait, chez certains peuples amérindiens, des shamans ayant le pouvoir de communiquer avec le monde des esprits en prenant la forme d'un animal, dit «totem». Diverses légendes autochtones font mention de filles shamans *(shamankas)* pouvant se transformer en créatures soit mi-humaines, mi-animales, soit complètement animales.

## Son proverbe favori

*L'esprit n'est jamais né. L'esprit ne cessera jamais. Et il n'y eut pas de temps où il n'était pas. Fin et commencement sont des rêves.*

Proverbe sioux

## Personnalité

Intuitives, attentives et généreuses, ces fées sont :

★ **solitaires**; elles aiment étudier, méditer, loin de l'agitation inutile;

★ **réfléchies**; elles parlent rarement pour ne rien dire.

## Les animaux **totems**

○ Selon certaines croyances amérindiennes, chaque personne est, dès sa naissance, **unie à un animal.**

○ Cet animal sert de **guide** et de **protecteur** à la personne qui lui est assignée.

○ Selon la **tradition,** il appartient à chacun de découvrir son **animal-guide,** de façon intuitive. L'animal peut, par exemple, se **manifester dans un rêve** ou être tout simplement une créature qui t'intrigue particulièrement.

# Les Sirènes

Partout autour du monde!

## Le mythe

Les sirènes sont sûrement les créatures mythiques les plus populaires du monde! Avec leur grande beauté et leur queue de poisson, elles existent dans le folklore et les légendes de nombreux pays de tous les continents. Plusieurs grands explorateurs affirment en avoir aperçu lors de leurs voyages en mer.

## Personnalité

Créatures les plus séductrices de toutes, les sirènes sont:

★ charmeuses et coquettes,

★ avides de défis, de conquêtes et de sensations fortes; elles sont du genre *sports extrêmes*.

## Sa citation favorite

Ô *flots abracadabrantesques*
*Prenez mon cœur, qu'il soit sauvé.*

Arthur Rimbaud

Poète français
(1854-1891)

## Info pêle-mêle sur les sirènes

Sculpture africaine tribale.

● En 1493, l'explorateur **Christophe Colomb** note avoir aperçu des **sirènes** dans les Caraïbes.

● Les légendes de sirènes sont très anciennes et répandues.

● Le bon sens indique que M. Colomb aurait plutôt aperçu des **lamentins** et non des sirènes!

wow!

Adorable mammifère marin géant

Le lamentin

# Les Valkyries

La **Scandinavie**

Norvège
Suède
Danemark

## Le mythe

Plusieurs histoires décrivent les Vikings comme un peuple à la fois fier, intrépide et brutal. Les Valkyries sont de fougueuses fées guerrières issues de cet univers. La légende dit qu'elles survolaient les champs de bataille à la recherche de guerriers trépassés, pour escorter les plus courageux dans l'au-delà.

### Son **proverbe** favori

*Là où il n'y a point de discipline, il n'y a point d'honneur.*

Dicton viking

## Personnalité

Ces fées directes, franches et passionnées de justice, sont :

★ **fiables, fermes, justes et inébranlables,**

★ **dotées d'un grand esprit d'aventure ;** elles adorent les voyages et l'exploration.

## Info pêle-mêle sur les **Vikings**

● L'ère des Vikings a duré environ 300 ans, autour des **années 750 à 1050.**

● **Oslo,** ville capitale de la Norvège, et **Dublin,** ville capitale de l'Irlande, ont toutes deux été **fondées par les Vikings.**

**?** Le savais-tu?

Les Vikings auraient mis pied en Amérique près de 500 ans avant Christophe Colomb.

# Wuriupranili

**L'Australie aborigène**

## Le mythe

Art tiwi

Wuriupranili est une déesse solaire. Selon le folklore tiwi, le soleil est son flambeau. La légende dit que les couleurs du crépuscule et de l'aube proviennent de la peinture ocre recouvrant parfois son corps.

## Personnalité

Passionnée, magnétique, puissante et adorant être le centre de l'attention, Wuriupranili est :

⭐ dotée d'un grand sang-froid, mais seulement en apparence ; en réalité, elle bouillonne d'une grande énergie. Tel un volcan, elle est aussi à l'aise dans le feu de l'action qu'au repos.

### Son proverbe favori

*Regarde toujours dans la direction du soleil et tu ne verras jamais d'ombre.*

Dicton aborigène australien

## Info pêle-mêle sur le Soleil

Panneau solaire

- Le Soleil est **immense** comparé à la Terre.

Soleil
**4,6**
milliards
d'années

Terre

- Le Soleil est une **étoile,** l'étoile la plus près de la Terre.

- **L'énergie solaire** est écologique et renouvelable. Plusieurs pays dans le monde l'utilisent de plus en plus.

- Le Soleil est l'élément le plus **important** de notre sytème solaire : pas étonnant qu'il soit **vénéré par des dizaines de cultures à travers le monde** depuis des millénaires !

# Xochiquetzal

Le Mexique

## Le mythe

Temple aztèque

Les Aztèques vénéraient plus de cent dieux. Xochiquetzal (prononcé TCHO-TSI-KÉ-TZAL) était une déesse représentant le pouvoir et la féminité. Fleurs, papillons et colombes entouraient toujours cette créature divine. Elle était aussi très souvent représentée portant des bijoux et accessoires splendides et luxueux.

## Personnalité

Déesse joyeuse et aimant la vie sous toutes ses formes, Xochiquetzal était :

★ **passionnée pour l'élégance, le luxe et la culture,**

★ **curieuse de tout et mordue de la mode.**

## Son proverbe favori

*Ô Donneur d'Offrande, ne me laisse pas tenir mes proches pour acquis, oubliant que tu ne me les as prêtés que pour un court moment.*

Prière aztèque

## Info pêle-mêle sur les Aztèques

○ Durée de l'Empire aztèque: environ **200 ans.** Le règne aztèque s'est terminé vers l'année 1520, lors de la conquête espagnole.

○ La base de l'alimentation aztèque était **la tortilla de maïs!**

Miam! Un délice!

○ La capitale aztèque était **Tenochtitlan,** située au même endroit où se trouve maintenant la ville de **Mexico.**